OBSERVATIONS

PRÉSENTÉES A MONSIEUR LE MINISTRE DE L'INTÉRIEUR

CONTRE LE PROJET DE LAICISATION

DE L'HOPITAL NECKER

ET SUR LA

SITUATION LÉGALE DES SŒURS DANS LES ÉTABLISSEMENTS HOSPITALIERS

OBSERVATIONS

PRÉSENTÉES A MONSIEUR LE MINISTRE DE L'INTÉRIEUR

CONTRE LE PROJET DE LAICISATION

DE L'HOPITAL NECKER

ET SUR LA

SITUATION LÉGALE DES SŒURS DANS LES ÉTABLISSEMENTS HOSPITALIERS

I

La menace de congé, adressée aux Sœurs de Saint-Vincent de Paul attachées à l'hôpital Necker, nous oblige à examiner de près la situation légale des congrégations religieuses dans nos établissements hospitaliers, afin que l'Administration supérieure puisse mieux se rendre compte des conditions dans lesquelles les Sœurs y sont entrées et des conditions dans lesquelles elles en peuvent sortir.

Pour éclairer complètement cette situation, il faut remonter jusqu'à la Révolution, ou du moins jusqu'au rétablissement des services hospitaliers par la loi du 16 vendémiaire an V.

Dans un assez grand nombre d'hospices, les Sœurs, dont les communautés avaient été dissoutes par le décret du 18 août 1792, avaient « continué, comme ci-devant, le service des pauvres et le soin des malades « à *titre individuel* », conformément à l'article 2 du décret.

Dans les autres établissements, les municipalités avaient remplacé, par des infirmières laïques, les religieuses qui avaient refusé de prêter le *serment civique* (1). Cet essai n'avait pas été heureux, si l'on en juge par les rapports des conseillers d'État chargés, par le gouvernement Consulaire, de constater la situation de la France en l'an IX. En ce qui regarde spécialement les hospices de Paris, on lit dans le rapport de Pastoret au Conseil général des hospices (1816) : « Les personnes à qui on avait confié, pendant la Révolution, le soin des malades et des pauvres, s'y livrèrent trop souvent avec négligence, avec insensibilité, quelquefois même sans désintéressement. L'auteur du rapport fait en 1813 se plaignoit de la difficulté d'arrêter les concussions qu'elles exerçoient sur les malades ou sur leurs parents (p. 244) ».

Aussi, dès que les administrations hospitalières eurent été réorganisées à la suite de l'exécution de la loi du 16 vendémiaire an V, voit-on le Gouvernement et le corps médical se préoccuper du rappel des Sœurs hospitalières. Nous n'avons pas besoin de rappeler l'arrêté du 1er nivôse an IX par lequel Chaptal, alors ministre de l'Intérieur, après avoir rendu un magnifique hommage au dévouement des Sœurs hospitalières, autorise « la citoyenne Deleau, ci-devant supérieure des Filles de la Charité, à « former des élèves pour le service des hospices ».

Pour citer un témoignage moins connu, mais non moins compétent, nous reproduisons ce passage d'une délibération de l'école de médecine de Paris, en date du 9 pluviôse an X : « Parmi les établissements utiles qui ont été supprimés à une certaine époque de la Révolution, on a tou-

1. Décret de la Convention du 9 nivôse an II : « Article 3. Les personnes ci-dessus dénommées (filles ou femmes attachées aux ci-devant congrégations) et celles qui sont maintenant employées dans les maisons de charité, hospices et autres établissements publics... qui ne justifieront point avoir satisfait à la présente loi (c'est-à dire qui n'auront point prêté le *serment civique*) dans le délai fixé par l'article premier, seront... exclues des places qu'elles occupent, regardées comme suspectes et traitées comme telles. »

jours regretté ceux des Sœurs de la charité : aussi le public a-t-il applaudi au parti que le Ministre a pris de réintégrer ces Sœurs dans les différents hospices où autrefois elles prodiguaient, avec tant de zèle et de courage, leurs soins aux pauvres malades qui leur étaient confiés. » (*Législation charitable*, t. Ier, p. 88.)

Portalis, qui était chargé du service des cultes, compléta l'œuvre de Chaptal, en faisant autoriser, par un arrêté consulaire du 24 vendémiaire an XI, les Sœurs de la charité « à se consacrer comme par le passé, au service des malades dans les hospices... à porter leur costume accoutumé, etc. »

Le rétablissement légal de divers autres Ordres hospitaliers a suivi de près celui des Sœurs de Saint-Vincent de Paul. C'est à partir de ce moment que les commissions administratives des hospices réclament partout des sœurs pour desservir ces établissements.

Le décret du 18 février 1809 régularise ce mouvement en réglant les conditions dans lesquelles les Congrégations autorisées peuvent être chargées du service des établissements hospitaliers.

Le rapport de Pastoret, publié en 1816, constate que la plupart des hôpitaux de Paris étaient déjà, à cette époque, desservis par des Sœurs. A mesure que le nombre de ces dernières s'accroissait, les commissions administratives des départements avaient recours à leurs soins, si bien qu'en 1823, l'instruction générale du 8 février, qui a longtemps régi les services hospitaliers, promulguait les dispositions suivantes :

« Le service intérieur des hospices peut être confié à des Sœurs de charité tirées des congrégations hospitalières autorisées par le gouvernement.

« Les commissions administratives se concertent avec les congrégations hospitalières pour régler le nombre des Sœurs à attacher aux hospices, et les conditions de leur admission ; mais les conventions qu'elles arrêtent à cet égard ne sont définitives qu'après avoir été approuvées par le Ministre, sur l'avis des préfets. »

II

Les conventions passées avec les Congrégations hospitalières étaient si variées dans leurs dispositions, qu'en 1838 le ministère de l'Intérieur reconnut la nécessité de les soumettre à l'approbation ministérielle, afin d'y rétablir l'uniformité qui est l'un des caractères fondamentaux de l'Administration française. Dans cette même circulaire, le Ministre pose en principe que « les Religieuses hospitalières ne doivent être appelées à desservir les hospices et autres établissements de bienfaisance *qu'en vertu de traités conclus entre les administrateurs de cet établissement et la communauté dont ces dames font partie* (Circ. du 25 septembre 1838). »

C'est là un point important à mettre en lumière, car le Gouvernement reconnaissait ainsi que les Sœurs n'entraient point dans les cadres du personnel administratif, qu'elles n'étaient point dans les hôpitaux à titre d'agents salariés, nommés individuellement par l'autorité administrative et révocables par elle.

Dans une autre circulaire, du 26 septembre 1839, le Ministre de l'Intérieur déclara qu'en présence de la diversité extrême des conventions existantes, il avait recounu la nécessité de ramener toutes ces conventions à une même formule, afin de « remplir complètement la condition d'uniformité qui est nécessaire pour bien règler les rapports qui doivent exister entre les administrations et les communautés hospitalières.

« Ces considérations m'avaient déterminé à faire préparer, pour les Hospices et les Bureaux de bienfaisance, des modèles généraux de traités qui pussent servir de bases à de nouvelles conventions, lorsque la Congrégation des Filles de la Charité de Saint-Vincent de Paul m'a soumis spontanément deux projets conçus dans le même but pour les traités à intervenir entre cette Congrégation et les Administrations charitables.

« Ces modèles, après avoir subi quelques modifications de détail arrêtées d'un commun accord, ont été définitivement approuvés par Mme la Supérieure générale de la communauté et par moi, et j'ai l'honneur de vous en transmettre des exemplaires imprimés, afin que vous invitiez les administrations des hospices de votre département, qui seraient desservis par des religieuses de cet Ordre, à passer de nouveaux traités conformes aux dispositions adoptées.

« Vous reconnaîtrez, au reste, Monsieur le Préfet, que ces dispositions, en assurant aux administrations charitables l'autorité qui leur appartient sous le rapport temporel, et en assujettissant les Sœurs à l'observation des lois, ordonnances et instructions qui concernent l'administration hospitalière, ont cependant réservé à ces femmes respectables la juste part d'attributions et d'égards qu'exigent leur caractère religieux et leur mission de bienfaisance, et que *les droits et les devoirs des parties contractantes se trouvent heureusement conciliés, dans les modèles dont il s'agit, par une déférence réciproque et par une égale sollicitude pour le bien du service des pauvres.*

« J'espère, Monsieur le Préfet, que l'exemple donné par la Congrégation des Sœurs de Saint-Vincent de Paul exercera une salutaire influence sur les autres communautés hospitalières, et qu'elles ne refuseront pas de traiter sur des bases acceptées par celle qui dessert le plus grand nombre d'établissements charitables en France. Veuillez donc bien inviter les administrations des Hospices, dont le service serait confié à d'autres Congrégations, à passer avec elles de nouveaux traités sur des bases conformes.

« Les modèles que je vous adresse ci-joints sont en tout semblables à ceux adoptés pour la Congrégation des Filles de Saint-Vincent de Paul... »

Le traité-modèle, placé à la suite de cette importante circulaire, détermine nettement la situation des Sœurs dans les établissements hospitaliers. « Elles sont chargées du service intérieur de l'hospice (article 1er). « La Sœur supérieure aura la surveillance sur tout ce qui se fera dans l'hospice pour le bon ordre. Elle sera chargée des clefs de la maison, et veillera à ce que les portes soient fermées à la nuit tombante, et ne soient ouvertes que quand il fera jour, sauf les besoins du service (art. 4). »

« Celle qui sera Supérieure et la Commission administrative de l'hospice auront respectivement la faculté de provoquer le changement des Sœurs (art. 7). »

« Les Sœurs seront considérées, tant en santé qu'en maladie, *comme filles de la maison et non comme mercenaires* (art. 10). »

III

Maintenant vient la question de savoir si les Sœurs, ainsi chargées du service intérieur d'un établissement hospitalier, devaient y rester à titre perpétuel ou à titre précaire ?

Avant la Révolution, c'était toujours *à titre perpétuel,* ainsi qu'on peut le voir dans l'acte intervenu entre M. Necker, au nom du Roi Louis XVI, et la Congrégation des Filles de la Charité, pour le service de l'Hôpital Necker (articles 1er et 2 de l'acte du 21 juillet 1778. — Voir aux *Pièces justificatives,* la *Note historique* sur l'Hôpital Necker).

Les Sœurs de Saint-Vincent de Paul n'étant jamais sorties de cet établissement depuis sa fondation, s'y trouvaient-elles placées *à titre perpétuel* en 1839, au moment où intervint la circulaire précitée? Tout porte à le croire, car ce caractère de perpétuité était conforme à l'esprit de la loi du 24 mai 1825 sur les communautés religieuses de femmes, ainsi que cela résulte du paragraphe 7 de l'instruction ministérielle du 12 juillet suivant pour l'exécution de la dite loi :

« Les Sœurs de Charité, placées dans un local fourni par un hospice, ne sont censées former un établissement susceptible d'être autorisé par le Roi, *qu'autant que l'engagement avec l'hospice est à titre perpétuel.* »

Il est donc très probable que, jusqu'en 1839, les Sœurs étaient considérées comme desservant, *à titre perpétuel,* l'Hôpital Necker et les autres établissements dans lesquels elles avaient été maintenues ou réintégrées en vertu d'actes identiques à celui de 1778. Ce qui est certain, c'est que le premier projet de convention envoyé, le 6 novembre 1838, au Ministre de l'Intérieur, par le Procureur général des Lazaristes et des Filles de la Charité[1], en exécution de la circulaire de 1838, ne prévoyait ni le renvoi ni le départ volontaire des Sœurs.

Dans la lettre adressée à M. Etienne, le 27 avril 1839, M. de Gasparin, Ministre de l'Intérieur, proposa d'ajouter la disposition suivante :

« Dans le cas de la retraite volontaire de la Communauté, ou de son remplacement *par une autre Congrégation,* la Supérieure Générale et la Commission administrative de l'Hospice devront se prévenir réciproquement *au moins* six mois d'avance. »

Le modèle de contrat présenté par les Sœurs ne renfermant pas de clause résolutoire, l'Administration supérieure avait jugé nécessaire d'en introduire une. La lettre que nous venons de citer ne contient aucune expli-

1. Voir ci-après, aux *Pièces justificatives,* la copie de cette lettre où la mission des Sœurs de saint Vincent de Paul dans les hospices est si bien caractérisée.

cation à cet égard : le Ministre se borne à parler du *délai* à fixer pour la sortie des Sœurs, et justifie, ainsi qu'il suit, cette nouvelle disposition :

« Elle a pour objet d'assurer une garantie réciproque à l'Hospice et à la Congrégation contre des changements précipités et irréfléchis qui pourraient compromettre le service des malades et les intérêts des Sœurs. Au moyen du délai de six mois rigoureusement exigé, il sera toujours possible de revenir sur des décisions fâcheuses qui pourraient avoir été dictées par un moment d'humeur, ou par une fausse appréciation des intérêts religieux ou hospitaliers. »

La Congrégation des Filles de la Charité, ainsi que cela résulte de la réponse de M. Etienne, en date du 10 juin 1839 (dont on trouvera copie ci-après), ne fit aucune difficulté pour admettre la nouvelle disposition proposée par le Ministre. Elle était, en effet, forcée de reconnaître qu'en cas d'incompatibilité d'humeur bien constatée entre la Congrégation et une Commission administrative, cette dernière devrait avoir la faculté de recourir aux soins d'*une autre congrégation*. L'humilité chrétienne l'obligeait à croire que des Sœurs d'un autre Ordre réussiraient mieux à donner satisfaction aux exigences de l'administration hospitalière.

La réponse de M. Etienne se trouve textuellement reproduite dans une seconde lettre du Ministre de l'Intérieur, où l'on remarque le passage suivant :

« La Communauté désire que, dans le cas où les Sœurs doivent quitter un établissement, le temps toujours pénible qui s'écoule entre la détermination prise et son exécution soit abrégé autant que possible ; tout en laissant à l'Administration le loisir *de se pourvoir d'autres Sœurs hospitalières* et d'assurer le service de l'établissement. Pour concilier ces exigences, vous avez proposé de rédiger de la manière suivante l'article 14 :

« Dans le cas de la retraite volontaire de la Communauté ou de son

« remplacement par une autre Congrégation, déterminé par la Commis-
« sion administrative, la Supérieure générale et la Commission adminis-
« trative de l'Hospice devront se prévenir réciproquement d'avance, et
« s'entendre sur l'époque de la sortie des Sœurs de l'établissement qui
« aura lieu six mois, *au plus*, après la notification faite par celle des par-
« ties qui voudra résilier le traité. »

Après avoir ainsi reproduit la rédaction des Sœurs, le Ministre (M. Duchâtel) ajoutait :

« .... Quant à l'article 14, qui prendra le numéro 15, je crois me conformer aux vœux de la Communauté, en limitant à *quatre* mois, au lieu de six, le maximum de temps qui doit s'écouler entre la notification de la retraite ou du remplacement des Sœurs et l'exécution de cette mesure. Ce temps me paraît devoir suffire pour assurer le service hospitalier, et l'on évitera ainsi de prolonger une situation désagréable et qui peut donner lieu à des froissements nuisibles au bien du service. (Lettre du 6 août 1839).[1] »

C'est en conformité du désir exprimé au nom des Sœurs, qu'à Paris le délai de sortie a été réduit à *un mois* (voir, aux *Pièces justificatives*, n° VI, le congé donné aux Filles de la Charité pour l'*Hospice des Incurables*).

Il résulte de cet accord intervenu entre l'Administration supérieure et la Congrégation des Filles de la Charité, qu'à partir de 1839, elles ont renoncé, pour tous les Hospices desservis par elles, au privilège de *perpétuité*, qui leur était concédé par les anciens contrats comme celui de l'Hôpital Necker. Elles ont, en effet, librement consenti à être *remplacées*

1. Nous reproduisons intégralement aux *Pièces justificatives* la correspondance échangée entre le Ministre de l'Intérieur et la Congrégation des Filles de la Charité. Elle montre avec quel soin a été préparé le Traité-modèle, et particulièrement la clause qui nous occupe. Il nous sera permis de faire remarquer, en rappelant les noms des Ministres signataires de ces lettres, qu'ils n'étaient pas suspects de cléricalisme.

par une autre Congrégation, au gré de l'administration hospitalière.

Mais la concession ne s'étendait pas au delà, et il paraît inadmissible qu'en dehors des deux éventualités prévues, on puisse en introduire une troisième, celle du remplacement des Sœurs par un *personnel laïque*. Dans ce cas, il y aurait une *rupture* du contrat, qui permettrait incontestablement d'invoquer l'article 1142 du Code civil; au contraire, dans l'hypothèse du remplacement des Filles de Charité par une autre Congrégation, il n'y aurait qu'une *résolution* licite du traité. Jamais les Filles de la Charité n'auraient consenti à garder, sous une condition résolutoire *générale*, le service intérieur des nombreux établissements dont elles étaient déjà chargées à cette époque. Au surplus, la question n'a pas même été posée, car voici comment la situation des Sœurs hospitalières fut, quelques mois après, déterminée par le règlement général du 31 janvier 1840, applicable à tous les Hospices et Hôpitaux, sans exception :

« Les soins des Sœurs hospitalières sont extrêmement précieux dans les Hospices et Hôpitaux. Dans le plus grand nombre de ces établissements, elles sont chargées, sous l'autorité des Commissions administratives, du service intérieur. Elles y soignent les malades, les vieillards, les incurables, avec un dévouement, une abnégation et une patience dignes de tous les éloges. Il faut donc chercher, autant que possible, à attacher ces pieuses femmes aux Hospices; *et ce n'est que lorsque leur nombre restreint ne leur permettra pas de desservir ces établissements, qu'il faudra former un service de personnes laïques.* Mais il est indispensable qu'un traité régulièrement passé entre les Commissions administratives et les Congrégations hospitalières, et approuvé par le Ministre, attache les Sœurs aux Hôpitaux. Je vous ai adressé, le 26 septembre 1839, des instructions à ce sujet et un modèle de traité : je n'ai rien, Monsieur le Préfet, à y ajouter. » (*Législation charitable*, tome Ier p. 539) ».

Il résulte clairement de ces instructions, que le Ministre de l'Intérieur, dans les attributions duquel étaient placés les Hospices et Hôpitaux, avait prescrit, comme règle générale, d'en confier le service intérieur aux Sœurs hospitalières ; et ce n'était qu'en cas d'insuffisance du nombre des Sœurs, que les Commissions administratives devaient recourir aux *personnes laïques.*

N'était-ce pas reconnaître implicitement que, dans le cas où une Commission ne s'entendant pas avec les Sœurs chargées du service, voudrait s'en séparer, elle ne pouvait les remplacer que *par une autre Congrégation*, conformément aux termes de l'article 15 du Traité-modèle?

Cet état de choses a été définitivement consacré par la loi du 7 août 1851, dont l'article 8, dernier paragraphe, est ainsi conçu :

« La Commission arrête également, mais avec l'approbation du Préfet, *les contrats à passer, pour le service, avec les Congrégations hospitalières.* »

Désormais, les Sœurs se trouvaient placées sous le régime des contrats, c'est-à-dire mises en dehors du personnel administratif et garanties des atteintes de l'arbitraire. Leur situation dans les Hospices et Hôpitaux se trouvait ainsi complètement consolidée. C'est grâce à ce régime de stabilité et de sécurité, que, conformément aux intentions du Gouvernement, les Communautés hospitalières ont pu préparer, en si peu de temps, un nombre de Sœurs suffisant pour desservir la presque totalité des établissements.

Voici, en effet, les renseignements officiels que nous trouvons, à ce sujet, dans le *Rapport de l'Inspection générale des établissements de bienfaisance sur la situation administrative et financière des Hospices et Hôpitaux* :

En 1854, le personnel *tout entier* des Hospices et Hôpitaux qui n'étaient pas desservis par des religieuses, s'élevait, — déduction faite de neuf établissements de Paris, qui, depuis l'origine, ont toujours eu un personnel laïque, de cinq hospices protestants desservis par des diaconesses et de deux hospices israélites, — au chiffre total de *soixante-deux personnes* : surveillants, infirmiers et servants de l'un ou de l'autre sexe[1]. En regard de ce personnel laïque, on comptait 1485 établissements hospitaliers desservis par 11,000 Sœurs environ (p. xxxv et 215 du tome Ier).

IV

Sous le régime de la loi du 7 août 1851, quelques Commissions hospitalières, usant du droit conféré par l'article 15 du Traité-Modèle, ont remplacé une Congrégation par une autre, mais jamais par un personnel laïque.

Le premier cas de laïcisation s'est produit, en 1879, à l'Hôtel-Dieu d'Auxerre, d'où les Sœurs de Saint-Vincent de Paul ont été expulsées sans qu'elles eussent voulu réclamer.

Cet exemple a été suivi à Paris où, sous la pression du Conseil municipal, l'administration de l'Assistance publique a successivement laïcisé, depuis la fin de 1880, deux hospices et quatre hôpitaux.

La loi du 10 janvier 1849 et l'arrêté réglementaire du 24 avril suivant, qui régissent spécialement l'administration de l'Assistance publique à Paris, n'ont cependant apporté aucune modification au régime général des Hospices en ce qui concerne les Sœurs hospitalières. Leur situation dans les établissements hospitaliers de la Capitale a toujours été réglée par des Traités absolument conformes au Traité modèle de 1839.

1. Il est vrai que le Rapporteur compte 65 établissements à personnel laïque, tandis que l'examen, fait département par département, ne donne qu'un chiffre de 53. Il est probable que le chiffre de 65 comprend les établissements fondés depuis 1864 ou n'ayant fonctionné qu'à partir de cette époque. Quoi qu'il en soit, nous sommes en mesure d'affirmer que le personnel laïque,

Aussi, est-ce uniquement sur les dispositions de l'article 15 de ce traité (article 12 du contrat de l'Hôpital Necker), que le Directeur de l'Assistance publique s'est appuyé pour effectuer la laïcisation des établissements hospitaliers[1].

Jusqu'à ce jour, les Congrégations expulsées n'ont pas élevé de réclamation, parce qu'elles ne connaissaient pas suffisamment les droits résultant de leur situation légale dans les établissements hospitaliers. Mais les circonstances particulières dans lesquelles se trouvent placées, à l'hôpital Necker, les Sœurs de Saint-Vincent de Paul, ont éveillé l'attention du Conseil de cet Institut, qui a fait examiner la question soulevée par le projet de laïcisation dudit établissement.

Des documents authentiques relatés dans la *Note historique*, placée à la suite de ce mémoire, il résulte que l'hôpital Necker doit son existence aux Filles de la Charité, qui l'ont *conservé* pendant les *temps difficiles* de la Révolution et qui l'ont toujours desservi, depuis sa fondation, avec tout le dévouement dont elles sont capables. C'est en vertu de ces services qu'elles ont passé, avec l'Administration des Hospices, le traité du 26 décembre 1842, qui régit encore leur situation à l'hôpital Necker.

Dans ces conditions, elles reconnaissent que le Directeur de l'Assistance publique peut les remplacer par une autre congrégation, mais non par un *personnel laïque*, comme il en a la prétention, attendu qu'une semblable interprétation du traité est contraire à la lettre comme à l'esprit de l'article 12, reproduction textuelle de l'article 15 du Traité-modèle.

y compris les servants, n'atteignait pas un total de 80 individus en 1869, année de la publication du Rapport. Ce chiffre, si minime, s'explique par le peu d'importance de ces petits établissements dont les lits restaient le plus souvent, inoccupés.

1. Voir la lettre relative à *l'Hospice des incurables*, à Ivry, dont une copie se trouve ci-après, aux *Pièces just.* n° VI. On sait que l'exécution de la mesure relative à ce grand établissement a été indéfiniment ajournée par ordre du Ministre de l'Intérieur.

Elles croient avoir qualité pour maintenir la véritable interprétation de cette disposition, attendu que leur devoir moral est d'assurer aux pauvres malades de l'hôpital Necker les bienfaits d'une assistance chrétienne, conformément aux conditions originaires de sa fondation.

Elles soutiennent enfin que le traité de 1842 leur assure, tout au moins, un *droit personnel* dont la violation donnerait ouverture à une demande de dommages-intérêts, en vertu de l'article 1142 du Code civil. Les tribunaux ordinaires auraient à apprécier le préjudice causé à la communauté par le renvoi, non motivé, des 23 sœurs qui desservent l'hopital Necker. De diverses décisions récentes du Tribunal des conflits, il résulte que l'approbation préfectorale accordée aux décisions qui ont eu pour effet de rompre le traité passé entre une congrégation religieuse et une commune pour un service public, ne fait point obstacle à ce que les tribunaux civils soient juges du préjudice causé par la rupture du traité.

Si, en présence du mouvement de laïcisation, qui se poursuit sans que rien le justifie, les Congrégations hospitalières, chargées d'assurer le fonctionnement du service intérieur dans plus de 1,500 hospices et hôpitaux, s'entendaient pour retirer subitement les 11,000 Sœurs qui desservent ces établissements, en profitant de la faculté qui leur est réservée par l'article 15 du Traité modèle, est-ce que les Commissions administratives ne leur demanderaient pas compte, devant les tribunaux, du préjudice énorme causé aux établissements hospitaliers par une semblable application des contrats? Pourquoi donc les Congrégations n'auraient-elles pas les mêmes droits que les Administrations hospitalières ?

Mais on sait trop que les Sœurs n'abandonnent pas *volontairement* leur poste de dévouement auprès des malades et des infirmes; ce n'est pas à elles qu'on pourra s'en prendre, si les services hospitaliers viennent à être désorganisés.

Les Sœurs ne peuvent pourtant, sans réclamer, laisser violer à leur préjudice les obligations stipulées dans leurs contrats. Elles sont parties, sans se plaindre, de l'hospice des Ménages, de l'hospice La Rochefoucauld, de l'hôpital Tenon. Mais leur éviction de l'hôpital Necker, dans les conditions où elles s'y trouvent placées, les force à prendre enfin la défense de leurs droits.

Sous la réserve de ces droits, elles font appel à la justice et à l'équité du Gouvernement, avec la ferme confiance qu'éclairé sur le véritable état des choses, M. le Ministre de l'Intérieur ne laissera pas renverser, au grand détriment des services hospitaliers, une situation établie, avec tant de soin et de persévérance, par ses prédécesseurs, depuis la Révolution jusqu'à nos jours.

Tant que ce régime n'aura pas été régulièrement changé, les Congrégations hospitalières restent placées sous la protection du Contrat-modèle de 1839. C'est, nous ne craignons pas de le dire, une question de bonne foi administrative, encore plus qu'une question juridique.

Paris, le 20 novembre 1883.

PIÈCES JUSTIFICATIVES

N° I

NOTE HISTORIQUE SUR L'HOPITAL NECKER

Quand on considère l'origine de l'hôpital Necker et les soins particuliers que les Sœurs de Saint-Vincent de Paul ont donnés à sa création et à son développement, il est permis de s'étonner qu'on ait pu songer à *laïciser* cet établissement.

Voici, en effet, dans quelles circonstances et dans quelles conditions il a été fondé.

Par acte notarié passé, le 21 juillet 1778, « entre M. Jacques Necker, directeur général des finances, stipulant et contractant au nom de Sa Majesté Louis XVI, roy de France et de Navarre, d'une part;

« Dame Louise-Suzanne Curchod de Naz, épouse dudit Sr Necker, et messire Jean-Joseph Faydit de Tersac, prêtre, curé de l'église paroissiale de Saint-Supplice, à Paris.

« Stipulants et contractants en qualité d'administrateurs de l'hospice dont sera cy-après parlé, encore d'une part,

« Et honnestes et charitables Sœurs Marie-Madeleine Drouet, supérieure, Jeanne Beaurin, assistante, etc., faisant au nom et pour toute la communauté des Filles de la Charité, servantes des pauvres, d'autre part :

« Mon dit Sr Necker a dit que Sa Majesté désirant pourvoir au service et soulagement des pauvres malades de l'Hospice de santé ou Infirmerie de la paroisse Saint-Sulpice de cette ville, sous l'administration de ma dite dame Necker et de mon dit sieur Curé de ladite paroisse, il a été en conséquence, pour seconder les vues charitables de Sa Majesté, fait et arrêté avec la dite Communauté des Filles de la Charité, les accords et conventions qui suivent :

ARTICLE PREMIER.

Les dittes Sœurs Supérieure et officières se sont par ces présentes obligées tant pour elles que pour celles qui leur succèderont aux dites charges, de tenir *à perpétuité* dans le dit hospice de santé ou infirmerie, onze filles de leur communauté et même un plus grand nombre, si besoin est dans la suite, pour y servir et soulager les pauvres malades des deux sexes selon leur institut.....

ART. 2.

Mon dit sieur Necker oblige Sa Majesté de fournir, *tant que l'Etablissement subsistera*, aux dites Filles de la Charité destinées au soulagement des pauvres malades au dit hospice, un logement commode, séparé et meublé convenablement, affecté uniquement aux dites Filles et dans lequel les domestiques n'entreront point.

Elles seront aussi nourries, blanchies et fournies de tous les besoins nécessaires à la vie, tant en santé qu'en maladie, aux dépens du dit hospice, lequel leur doit aussi fournir le gros linge, comme draps, nappes, serviettes, tabliers blancs, etc. De plus on donnera la somme de cent livres par année pour chacune des dites Filles.....

ART. 12.

.... Elles seront toujours considérées comme filles de la maison et non comme mercenaires; c'est pourquoy lorsqu'elles deviendront infirmes et hors d'état de travailler après douze années de résidence dans le dit hospice, elles ne pourront être renvoyées à cause de leurs infirmités, etc.

Fait et passé à Paris.... l'an mil sept cent soixante dix-huit, le vingt unième jour de juillet [1].

Par un autre acte que nous n'avons pu encore retrouver, mais dont l'existence est certaine, le Roi s'obligea à fournir, chaque année, sur sa cassette particulière, une somme de 42,000 livres pour l'entretien des Sœurs et les autres dépenses du nouvel Hôpital, qui prit le nom d'*Hospice de charité de la paroisse Saint-Sulpice et du Gros-Caillou* [2].

Nous avons sous les yeux le premier compte rendu rédigé par Mme Necker et imprimé, par ordre du Roi, à l'Imprimerie Royale (Paris, 1779, in-4). Voici quelques extraits de ce rapport :

1. Une expédition authentique de cet acte se trouve aux Archives Nationales. S. — 6, 160.

2. « La maison qui forme l'hôpital Necker avait été occupée auparavant par des Bénédictines. Le Roi ayant accordé, en 1779, une somme annuelle de 42,000 francs pour faire l'essai d'un hôpital de cent vingt lits, Mme Necker se chargea d'y veiller et de le diriger. Elle loua, pour 3,600 francs par an, le couvent supprimé de ces religieuses, à l'extrémité de la rue de Sèvres. La maison porta d'abord le nom d'*Hospice des paroisses de Saint-Sulpice et du Gros-Caillou*. Elle fut appelée, pendant la Révolution, l'*Hospice de l'Ouest*. Elle porte aujourd'hui le nom de la la femme charitable que ses soins et ses bienfaits en ont rendu la véritable fondatrice. (*Rapport* [de Pastoret] *au Conseil Général des Hospices* sur l'état des hôpitaux à Paris, du 1er janvier 1804 au 1er janvier 1814. Paris, 1816. Page 44).

3

« ... Pour mieux connoître la dépense des hopitaux et le genre de soins qu'ils exigent, l'on a entrepris, par ordre de Sa Majesté, de faire l'essai d'un petit hôpital de cent vingt malades, seuls dans un lit, soignés avec la plus grande propreté et avec toutes les attentions nécessaires à leur rétablissement; placés dans des salles bien aérées, sans odeurs, sans bruit, servis par des Sœurs de la Charité et par un médecin et un chirurgien logés dans la maison et consacrés à cette seule occupation (p. 4)....

« ... L'Hospice contient soixante lits d'homme et soixante lits de femme.

« Les cent vingt malades sont servis par douze Filles de la Charité.

« Les douze Sœurs ont chacune 100 livres par an pour leur entretien (p. 7).

« ... Deux sœurs sont attachées à la lingerie, deux à la cuisine, deux à l'apothicairerie, cinq sœurs président au service des salles; l'une d'entre elles est destinée à soigner les maladies contagieuses.

« Enfin la supérieure [1] embrasse, elle seule, toutes les parties de l'administration; elle règle la dépense, elle tient l'argent, les livres et les registres; cette place demande beaucoup d'ordre et d'habileté, beaucoup de justesse et de facilité dans les calculs, beaucoup de fermeté, de bonté et de connoissance des hommes (p. 8) ».

Ainsi organisé et dirigé, le nouvel Hôpital ne tarda pas à devenir un établissement modèle. Voici, à cet égard, des témoignages dont l'autorité ne sera pas contestée.

Tenon, dans ses *Mémoires sur les Hôpitaux de Paris*, s'exprime en ces termes :

« ... On sait que les fonds de l'*Hospice de la paroisse Saint-Sulpice et du Gros-Caillou* sont fournis par le Roi; qu'on est redevable de son établissement aux soins et aux talents d'une dame à qui les Hôpitaux et les Prisons ont de grandes obligations.

« ... On compte vingt-deux personnes pour le service : un médecin, un chirurgien, son élève, un chapelain, un sacristain, trois infirmiers, deux infirmières, un jardinier, un portier, douze sœurs.

« ... Les malades sont reçus dans cet hôpital sur le certificat de MM. les curés de Saint-Sulpice et du Gros-Caillou. Une femme précieuse, la sœur Cassegrain, y met une activité, un ordre, une suffisance digne des plus grands éloges [2]. »

L'Hôpital Necker était dans sa dixième année d'existence, lorsque Tenon, si bon juge en cette matière, lui rendait le témoignage que nous venons de citer.

En 1790, dans le rapport présenté à l'Assemblée nationale, au nom du *Comité de mendicité*, M. de Liancourt disait, en parlant de l'hôpital de Mme Necker : « Cet hospice est sans doute susceptible de perfection ; mais, tel qu'il est, nous le regardons comme un des hôpitaux les mieux ordonnés de Paris, un établissement précieux et digne de la plus grande faveur *(Visites aux Hôpitaux*, p. 52). »

1. Madame Cassegrain, qui honore son état, son sexe et l'humanité par ses vertus et son intelligence. (*Note de Madame Necker*.)

2. *Mémoires sur les Hôpitaux de Paris*. — In-4. Paris, 1788, p. 55.

Ce que devinrent les hôpitaux de Paris pendant la crise révolutionnaire, on peut le voir dans les pétitions adressées au Conseil des Cinq cents, les 26 brumaire an V et 8 thermidor an VII, par les administrateurs du département de la Seine [1]. Presque entièrement dénués de ressources, mal organisés, mal administrés, ces établissements ne pouvaient pas même suffire aux besoins les plus urgents des malheureux.

Par une exception, peut-être unique, l'hôpital Necker traversa heureusement cette crise, si fatale à nos établissements hospitaliers.

Voici comment s'exprime à ce sujet Camus, dans son remarquable *Rapport au Conseil général des Hospices*, de fructidor an XI (1803) :

« Ce que M. de Liancourt disait alors (en 1790), nous pouvons le répéter aujourd'hui. La même organisation y subsiste toujours ; plusieurs des respectables Sœurs de la Charité qui y étaient lors de la formation, continuent à donner leurs secours aux malades. Elles ont à leur tête la *Sœur Clavelot, qui a su conserver l'hospice et y maintenir le bon ordre dans des temps difficiles. Non seulement elle n'a jamais voulu retirer aucun émolument de sa place, mais même elle a fait souvent des avances considérables pour que le service ne fût pas interrompu* (p. 51) ».

Si l'hôpital Necker a pu fonctionner sans interruption pendant les jours les plus mauvais de la Révolution, c'est donc grâce au dévouement des Sœurs de Saint-Vincent de Paul qui sont restées courageusement à leur poste, en servant les pauvres malades *sous l'habit séculier et à titre individuel*, conformément au décret du 18 août 1792.

Ce n'est qu'après le rétablissement légal de l'Institut des Filles de la Charité (arrêté consulaire du 24 vendémiaire an XI) que leur cornette blanche a reparu dans nos hôpitaux.

L'Empire, la Restauration, le gouvernement de Juillet et les autres Régimes que nous avons successivement traversés, les ont vues à l'œuvre, servant toujours les pauvres malades dans l'hôpital de Mme Necker avec le même zèle et le même dévouement, sous l'ancienne robe des *Sœurs grises* comme sous l'habit séculier des *temps difficiles*.

Pourquoi donc les chasser aujourd'hui d'un établissement qui leur doit, pour une si grande part, son existence et son développement ? Auraient-elles démérité dans ces dernières années ? Le contraire est démontré par la lettre que les médecins et chirurgiens de l'hôpital Necker ont récemment adressée à M. le Ministre de l'Intérieur, en réclamant *unanimement* le maintien des Sœurs, dans l'intérêt des malades comme dans celui du service médical.

L'administration de l'Assistance publique n'allègue aucun motif pour justifier leur

1. *L'Etat de la France au 18 brumaire*, par Félix Rocquain, chef de section aux Archives Nationales, p. 414. — Un vol. in-12. Paris, Didier, 1874.

renvoi. Elle se borne à invoquer le droit qui lui serait conféré par l'article 12 du contrat passé, le 26 décembre 1842, entre l'Administration des Hospices de Paris et la Supérieure générale des Filles de Charité, et approuvé, le 3 avril suivant, par le Ministre de l'Intérieur.

Les observations qui précèdent et les documents qui suivent permettent d'apprécier exactement la portée de cette disposition.

N° II.

LETTRE DE M. ÉTIENNE AU MINISTRE DE L'INTÉRIEUR

PRÉSENTANT DEUX MODÈLES DE TRAITÉS POUR LES HOSPICES ET BUREAUX DE BIENFAISANCE DESSERVIS PAR LA COMMUNAUTÉ

Paris, le 6 novembre 1838.

MONSIEUR LE MINISTRE,

Votre Excellence a cru devoir adopter diverses mesures d'ordre pour régulariser le service et l'administration des hôpitaux d'une manière uniforme sur tous les points de la France. Parmi ces mesures il en est une qui prescrit aux administrations locales de vous transmettre les conventions qu'elles ont passées avec les Religieuses hospitalières qui desservent leurs établissements.

C'est en conséquence de cette prescription que j'ai l'honneur de solliciter de Votre Excellence une décision qui fixe la marche que devra suivre la Communauté des sœurs de la charité de Saint-Vincent de Paul sur une question dont voici l'objet :

Parmi les établissements nombreux que dirige cette Communauté, il en est qu'elle dessert depuis deux siècles et pour lesquels il n'a été passé aucune convention entre elle et les administrations locales ; d'autres sont moins anciens, mais cependant datent d'une époque où les conventions étaient nécessairement bien différentes de celles qui seraient adoptées aujourd'hui ; enfin d'autres où les conventions passées avec les administrations, quoique approuvées par le Gouvernement, seraient probablement dans le cas d'être modifiées par suite des modifications apportées depuis quelques années dans le régime des hôpitaux par l'autorité supérieure.

Or, les administrations locales qui n'ont jamais passé de conventions avec la Communauté des Sœurs de la Charité, ou qui n'ont conservé aucune trace de celles passées il y a longues années, se mettent en mesure de répondre aux ordres de Votre Excellence. A cet effet, elles demandent à la Supérieure générale de régulariser la position des sœurs qui desservent leurs établissements, et de leur adresser en conséquence le projet de convention qui devra en fixer les bases, et qu'elles adresseront à Votre Excellence.

Avant de répondre aux administrations locales, la Supérieure générale a cru qu'il devenait nécessaire de connaître les intentions de Votre Excellence sur cet objet, et de s'assurer si elle serait disposée à approuver le projet de convention qu'elle se propose de leur adresser. Ce serait inutilement multiplier les écritures, et peut-être les discussions, que de traiter d'après des bases sur lesquelles on ignore l'opinion du Ministre de l'intérieur.

J'ai donc l'honneur de vous adresser, Monsieur le Ministre, le projet de convention arrêté dans le Conseil de la Supérieure générale. Il est en tout semblable à celui que la Communauté des Sœurs de la Charité a proposé aux administrations qui, jusqu'à présent, l'ont appelée à desservir leurs établissements. Je supplie Votre Excellence de l'examiner dans le plus bref délai et de me faire connaître s'il est de nature à obtenir votre approbation. La Supérieure générale s'abstiendra de faire aucune réponse aux administrations locales jusqu'à ce qu'elle soit fixée à cet égard.

La Supérieure générale a pensé qu'il était à propos de soumettre aussi à votre approbation, Monsieur le Ministre, le projet des conventions relatif aux Bureaux de bienfaisance et Maisons de secours. Je le joins à celui qui est relatif au service des Hôpitaux.

Une fois les intentions de Votre Excellence bien connues sur ces deux projets, la Supérieure générale aura une nouvelle marche toute tracée, évitera tout doute et toute hésitation dans l'administration de sa Communauté et pourra justement apprécier les difficultés qu'elle peut éprouver de la part des autorités locales.

J'ose espérer, Monsieur le Ministre, que l'examen que vous ferez de ces deux projets vous donnera la conviction que tous les articles qu'ils renferment ne peuvent, dans l'application, que procurer le bien des Etablissements confiés aux Sœurs de la Charité et la bonne harmonie entre les administrations locales et elles. Si, contre notre attente, vous jugiez qu'il fût nécessaire d'y apporter quelques modifications, je supplie votre Excellence de ne les adopter qu'après avoir reconnu la gravité des motifs qui les inspireraient. Je me permettrai de vous faire observer, Monsieur le Ministre, que la bonne direction du régime intérieur en ce qui regarde le moral d'un Etablissement, exerce une grande influence sur son état matériel; et il est hors de doute que la direction morale dépend surtout du zèle des Sœurs qui le dirigent, et que si on les prive des attributions à l'aide desquelles elles peuvent l'exercer, l'ordre matériel ne peut qu'en souffrir notablement. C'est un fait que l'expérience a démontré d'une manière bien évidente. Votre Excellence, je n'en doute pas, en a la conviction. Je réclame donc avec confiance sa bienveillance dans la question que je soumets à sa haute sagesse.

La Communauté des Sœurs de la Charité ne veut faire que le bien et se dévouer aux œuvres que saint Vincent de Paul a confiées à sa charité. Elle croit, en conséquence, avoir le droit de désirer que les règlements auxquels on voudra assujettir l'exercice de son zèle, soient en harmonie avec les devoirs et l'esprit de sa vocation, seule garantie qui peut en assurer les effets.

J'ai l'honneur d'être avec un profond respect, Monsieur le Ministre, votre très humble et très obéissant serviteur,

ÉTIENNE,

Procureur général des Lazaristes et des Sœurs de la Charité
de Saint-Vincent de Paul.

N° III.

OBSERVATIONS DU MINISTRE DE L'INTÉRIEUR SUR LES PROJETS DE TRAITÉS

MINISTÈRE DE L'INTÉRIEUR

—

DIRECTION DÉPARTEMENTALE
ET COMMUNALE

—

Section administrative des Communes
et Hospices.

—

BUREAU DES HOSPICES

—

TRAITÉS
entre les Administrations des Hospices
et la
Congrégation de Saint-Vincent de Paul.

Paris, le 27 avril 1839.

MONSIEUR,

Dans le but de faciliter la rédaction et l'approbation des traités à passer entre les administrations charitables et la Congrégation des Sœurs de la Charité de Saint-Vincent de Paul, vous m'avez soumis deux modèles adoptés par cette Congrégation pour les hospices et les

Bureaux de bienfaisance, en me priant de vous faire connaître les observations dont ils me paraîtraient susceptibles.

J'apprécie, monsieur, les sentiments qui vous ont inspiré cette démarche, et je m'empresse de vous faire part du résultat de mes observations.

Je m'occuperai d'abord, article par article, du traité qui concerne spécialement les établissements hospitaliers.

ART. 1er.

Les Filles de la Charité seront chargées de tout le détail intérieur de l'hospice de...; celle qui sera supérieure rendra compte de l'administration de la recette et de la dépense journalière qu'elle fera pour ledit hospice et non de la somme qu'elle recevra pour l'entretien de ses compagnes.

Il conviendrait d'indiquer, dans cet article, le nombre des Sœurs attachées à chaque hospice; bien qu'il en soit fait mention dans le préambule du traité; car c'est une des conditions essentielles du contrat.

Les receveurs et les économes sont seuls chargés de *la recette* et *de la dépense journalière* en deniers et en matières. On ne peut confier à la supérieure que des menues dépenses dont elle doit rendre compte tous les mois. L'article doit être modifié dans ce sens, en laissant subsister la clause qui laisse à la discrétion de la supérieure l'emploi de la somme destinée à son entretien et à celui de ses compagnes.

ART. 2.

La Sœur qui sera supérieure aura la surveillance sur tout ce qui se fera dans la maison pour le bon ordre et l'économie. Elle sera chargée des clefs de la maison et veillera à ce que les portes soient fermées à la nuit tombante et ne soient ouvertes que quand il fera jour, sauf les besoins du service.

Le mot *économie* doit être supprimé comme rappelant, bien qu'indirectement, les fonctions de l'économat dont les sœurs hospitalières ne peuvent pas être investies aux termes de l'instruction du 20 novembre 1836 et de l'article 16 du décret du 18 février 1809.

ART. 3.

Il sera fourni aux Sœurs un logement séparé et à proximité du service. Elles seront meublées convenable-

Pour la garantie des Sœurs, comme pour celle des établissements charitables, il convient d'ajouter à cet article qu'on fera, à l'entrée des sœurs, un

ment, nourries, blanchies, chauffées et éclairées aux frais de l'hospice qui leur fournira aussi le gros linge, comme draps, taies d'oreillers, nappes, serviettes, essuie-mains, torchons et tabliers de travail.

inventaire du mobilier qui leur sera fourni, et, qu'il sera procédé, chaque année, au récolement de cet inventaire.

Art. 4.

Il sera payé par l'administration la somme de 200 francs par année, pour chacune, payable par trimestre, pour leur entretien et vestiaire.

Cette somme parait assez élevée; car, dans la plupart des hospices, on ne donne que 150 francs par an, pour l'entretien de chaque Sœur hospitalière. Cependant, si la Congrégation tenait au chiffre de 200 francs, je ne mettrais aucun obstacle à son adoption.

Les articles 5, 6 et 7 établissent pour la supérieure et pour la commission administrative, le droit respectif de faire changer les Sœurs et règlent l'attribution des dépenses à supporter dans ce cas, ainsi que dans celui de l'admission des nouvelles Sœurs. Je pense que pour rendre ces dispositions plus claires et plus précises, il conviendrait de les rédiger de la manière suivante, en trois articles qui en conservent toute la substance

Art. 5.

Celle qui sera supérieure aura la liberté de demander des Sœurs à la supérieure générale, en remplacement, soit par décès ou changement. Elle aura aussi la liberté de changer les Sœurs sans être tenue à déclarer les motifs du changement. Les domestiques et infirmiers seront toujours aux frais de l'administration.

Celle qui sera supérieure et la Commission administrative de l'hospice auront respectivement la faculté de provoquer le changement des Sœurs. Dans le premier cas, les frais du changement seront à la charge de la Congrégation; et, dans le second, à celle de l'établissement charitable.

ART. 6.

Il sera payé par l'administration les frais du premier voyage et port des hardes, et quand l'administration demandera le changement de quelque Sœur, ou que quelques-unes mourront, elle sera tenue de payer les frais du premier voyage de celles qui les remplaceront. Les changements qui se feront par la Communauté seront aux frais de ladite Communauté.

ART. 7.

S'il survient dans ledit hospice la nécessité d'augmenter le nombre des Sœurs, elles y seront reçues aux mêmes conditions que les premières et le voyage sera aux frais de l'Administration.

ART. 8.

Lorsque l'âge ou les infirmités de quelques Sœurs les mettront hors d'état de continuer leur service, elles continueront d'être conservées dans l'hospice et d'y être nourries, éclairées, chauffées, blanchies et fournies de gros linge. L'Administration recevra d'autres Filles de la Charité à la place des infirmes, sous les mêmes conditions que les premières ; mais les infirmes ne recevront pas le traitement de celles qui sont en activité. Lesdites Filles de la Charité seront considérées tant en santé qu'en maladie, comme Filles de la maison et non comme mercenaires.

L'hospice sera tenu de payer les frais du premier voyage et du port des hardes. Il en sera de même lors du remplacement d'une Sœur par décès, ou lors de l'admission autorisée de nouvelles Sœurs, en sus du nombre fixé par le présent traité. Dans ce dernier cas, les Sœurs admises le seront aux mêmes conditions que les premières.

Les domestiques et infirmiers seront payés par l'Administration, qui les nommera et les renverra, soit spontanément, soit sur la demande de la supérieure.

D'après cet article, les Sœurs que l'âge ou les infirmités mettront hors d'état de continuer leur service, auront la faculté de rester à l'hospice, comme reposantes. Il convient d'ajouter : pourvu qu'elles comptent au moins dix ans de services dans cet établissement, ou dans d'autres établissements charitables. Car, s'il est juste que l'hospice prenne soin des Sœurs qui sont devenues infirmes au service des indigents, il faut éviter que la Congrégation puisse, en lui envoyant des sujets déjà âgés, et qui n'auraient pas encore servi les pauvres malades, se décharger sur lui du soin de leur entretien, avant qu'ils aient acquis des droits réels aux secours de l'établissement charitable.

ART. 9.

Lesdites Filles de la Charité ne recevront aucune pensionnaire et ne soigneront point les femmes ou filles de mauvaise vie, ni les personnes atteintes du mal qui en procède. Elles ne soignent point les personnes riches ni les femmes dans leurs accouchements. Elles ne veilleront aucun malade en ville, de quelque sexe, état et condition qu'il soit.

Ces exclusions paraissent bien étendues, surtout en ce qui concerne les femmes en couches; mais, si les statuts de la Congrégation n'admettent point d'accommodement sur ce point, je consens à ce que cet article soit maintenu.

ART. 10.

L'aumônier ou chapelain de la maison vivra séparé des Sœurs, ne prendra pas ses repas avec elles, et n'aura aucune inspection sur la conduite desdites Filles ni sur l'administration du temporel.

Ces derniers mots : ni sur l'*administration du temporel* doivent être supprimés, puisque cette partie du service est complètement étrangère aux attributions des Sœurs hospitalières.

ART. 11.

Quand une Sœur décédera, elle sera enterrée aux frais de l'Administration, et l'on fera célébrer pour le repos de son âme une grand'messe et deux messes basses.

Point d'observations.

ART. 12.

Avant le départ des Sœurs de la Charité pour... il sera fourni à leur supérieure de Paris l'argent nécessaire pour les accommodements personnels desdites Sœurs, à raison de 200 francs pour chacune une fois payés.

Il est bien entendu, sans doute, que cette indemnité ne sera point accordée, lorsqu'il s'agira de l'envoi de nouvelles Sœurs par suite de changements; mais il conviendrait que cette réserve fût exprimée par une clause spéciale.

Telles sont, Monsieur, les modifications dont le modèle de traité pour le service hospitalier m'a paru susceptible ; mais, indépendamment de ces modifications, il me paraît indispensable d'y insérer les trois dispositions nouvelles qui suivent :

1° Le nombre des sœurs fixé par l'article 1er du présent traité, ne pourra point être augmenté, sans une autorisation spéciale du Ministre de l'Intérieur. Toutefois, dans des cas d'urgence, tels, par exemple, que celui de la maladie d'une sœur qui la mettrait hors d'état de continuer son service, la Supérieure générale pourra, sur la demande de la commission administrative, envoyer provisoirement une autre sœur; sauf à cette administration à en informer immédiatement le Préfet qui devra en référer au Ministre.

2° Les filles de la Charité seront placées, quant aux rapports temporels, sous l'autorité et la surveillance de la Commission administrative, et tenues de se conformer aux lois, décrets, ordonnances et règlements qui régissent l'administration hospitalière.

3° Dans le cas de la retraite volontaire de la communauté ou de son remplacement par une autre congrégation, la Supérieure générale et la Commission administrative de l'hospice devront se prévenir réciproquement, au moins six mois d'avance.

La première de ces nouvelles dispositions a pour but d'empêcher l'admission indéfinie et irrégulière de nouvelles Sœurs, en laissant, toutefois, la latitude nécessaire pour satisfaire, dans des cas pressants, aux besoins du service.

La seconde établit, de manière à prévenir toute difficulté, les positions respectives des Sœurs et de la Commission administrative, quant à l'administration temporelle. en rappelant quelles sont les limites de l'action purement charitable des Sœurs hospitalières.

Enfin, la troisième a pour objet d'assurer une garantie réciproque à l'Hospice et à la Congégation contre des changements précipités et irréfléchis qui pourraient compromettre le service des malades ou les intérêts des Sœurs. Au moyen du délai de six mois rigoureusement exigé, il sera toujours possible de revenir sur des décisions fâcheuses qui pourraient avoir été dictées par un moment d'humeur, ou par une fausse appréciation des intérêts religieux ou hospitaliers.

Pour répondre complètement au désir que vous m'avez exprimé, Monsieur, j'ai cru devoir coordonner les modifications et additions qui précèdent, et les résumer dans un modèle de traité qui est ci-joint, et qui me servira de base, désormais, pour l'approbation des conventions à intervenir entre les Administrations des hospices et la Congrégation des Sœurs de Saint-Vincent-de-Paul.

Quant au modèle de traité qui concerne spécialement les Bureaux de bienfaisance, la plupart des observations qui précèdent s'y appliquent également. J'ai donc jugé inutile de l'examiner article par article, et je me borne à vous transmettre aussi, pour ces établissements, un modèle rectifié et qui est en harmonie avec leur destination spéciale.

J'ai conservé, Monsieur, dans les deux modèles ci-joints, les formes et même les expressions proposées par la Congrégation et qui m'ont paru pouvoir se concilier avec les exigences des services charitables. J'ai été aussi préoccupé du soin de maintenir les droits des Sœurs que d'assurer les intérêts hospitaliers; et je désire que la Congrégation, en adoptant ces modèles, rende complètement efficace la démarche que vous avez faite auprès de moi.

Agréez, Monsieur, l'assurance de ma considération distinguée.

Le Pair de France, Ministre de l'Intérieur,
GASPARIN.

A M. l'abbé Étienne, Procureur Général des Lazaristes et des Sœurs de Saint-Vincent de Paul.

N° IV.

RÉPONSE DE M. ETIENNE AU MINISTRE DE L'INTÉRIEUR

Paris, le 10 juin 1839.

MONSIEUR LE MINISTRE,

J'ai reçu les deux projets de Traités entre les Administrateurs des hospices et des Bureaux de bienfaisance et la Communauté des Sœurs de la Charité de Saint-Vincent de Paul, que Votre Excellence m'a adressés comme devant servir de texte, à l'avenir, à tout arrangement de cette nature entre les diverses Commissions administratives et la Communauté des Sœurs de la Charité. Les dispositions qu'ils renferment ont paru au Conseil de la Communauté conçues de manière à fixer clairement les attributions des Sœurs et à leur éviter les difficultés qu'elles redoutaient par suite de la nouvelle organisation introduite par Votre Excellence dans l'administration des établissements charitables. Il m'a chargé de vous exprimer, Monsieur le Ministre, sa reconnaissance pour les bienveillantes intentions de Votre Excellence qu'il a reconnues dans les termes de ces deux projets de Traités, et de vous soumettre son désir de voir modifier trois articles du projet qui a rapport aux hospices. Ces trois modifications sont peu importantes, quoiqu'elles aient leur utilité aux yeux de la Communauté. Elles concernent les articles 3, 8, 14.

1° Dans l'article 3, la Communauté désire la suppression du mot *surveillance* qui a paru inutile, puisqu'il est éminemment renfermé dans le mot *autorité*, et de plus peu convenable, en égard à la confiance qui doit exister entre les administrateurs et les sœurs de la Charité.

2° Comme la question des domestiques ou infirmiers est l'occasion de difficultés entre les Économes et la Supérieure des Sœurs, et que ces difficultés nuisent au bon ordre du service, il serait important qu'il fût bien établi que l'administration seule a le droit de régler tout ce qui concerne le payement, l'admission ou le renvoi des domestiques, et que la Supérieure des Sœurs n'eût à recevoir d'ordres que d'elle à cet égard. Pour cela, il suffirait d'ajouter au dernier membre de l'article 8, qui regarde les domestiques, ces mots : « Cet objet ne faisant pas partie des attributions de l'Économe, la Supérieure des « Sœurs se conformera sur ce point aux intentions de l'Administration à qu'il appartient « de statuer quels seront ses rapports avec les domestiques pour la régularité du service « et le bon ordre de la maison. »

La Communauté prie Votre Excellence de faire cette modification à l'article 8, persuadée qu'elle suffira pour éviter tout conflit entre les Économes et les Sœurs.

3° Enfin la Communauté désire aussi voir modifier l'article 14. Comme dans le cas où les Sœurs doivent quitter un Établissement, le temps qui s'écoule entre la détermination prise et l'exécution est extrêmement pénible sous bien des rapports, il importe de l'abréger autant que possible. Mais, d'un autre côté, comme il faut aussi que l'Administration ait le loisir de se pourvoir d'autres Sœurs hospitalières et d'assurer le service de l'Établissement, on ne peut en fixer un terme trop rapproché. Pour tout concilier, la Communauté proposerait la rédaction suivante de l'article 14 :

« Dans le cas de la retraite volontaire de la Communauté ou de son remplacement par « une autre Congrégation, déterminé par la Commission administrative, la Supérieure « générale et la Commission administrative de l'hospice devront se prévenir réciproquement d'avance et s'entendre sur l'époque de la sortie des Sœurs de l'Etablissement, « qui aura lieu six mois, *au plus*, après la notification faite par celle des parties qui voudra « résilier le Traité. »

J'ai la confiance, Monsieur le Ministre, que vous approuverez les modifications que j'ai l'honneur de vous proposer, et que dorénavant la bonne intelligence régnera dans les Etablissements charitables entre les Agents de l'Administration et les Sœurs de la Charité.

J'ai l'honneur d'être avec un profond respect, Monsieur le Ministre, votre très humble et très obéissant serviteur.

ÉTIENNE,

Procureur général des Lazaristes et des Sœurs de la Charité de Saint Vincent de Paul.

N° V.

DERNIÈRES OBSERVATIONS DU MINISTRE DE L'INTÉRIEUR

MINISTÈRE DE L'INTÉRIEUR

—

DIRECTION DÉPARTEMENTALE
ET COMMUNALE

—

Section administrative des Communes
et Hospices.

—

BUREAU DES HOSPICES

—

TRAITÉS
entre les Administrations des Hospices
et la
Congrégation de Saint-Vincent de Paul.

Paris, le 6 août 1839.

Monsieur,

Vous m'avez fait connaître, le 10 juin dernier, que le conseil de la Communauté des Sœurs de Saint-Vincent de Paul a approuvé, sous la réserve des modifications suivantes, les deux modèles que je vous ai communiqués, le 29 avril précédent, pour les traités à passer entre cette congrégation et les administrations des hospices et des bureaux de bienfaisance. Ces modifications ne s'appliquent, dites-vous, qu'au modèle qui concerne les *hospices*.

1° A l'article 3, la Communauté désire la suppression du mot *surveillance* qui lui a paru inutile, parce qu'il est renfermé dans le mot *autorité* que porte cet article; et de plus, peu convenable, en égard à la confiance mutuelle qui doit exister entre les administrateurs et les Sœurs de la Charité.

2° Comme la question des domestiques et infirmiers est l'occasion de difficultés entre les économes et les supérieures des sœurs, et que ces difficultés nuisent au bon ordre du service, la Communauté désire qu'il soit bien établi que l'Administration seule a le droit de régler tout ce qui concerne le payement, l'admission ou le renvoi des domestiques; et que les supérieures n'ont à recevoir d'ordres que d'elle seule, à cet égard. Vous proposez, en conséquence, d'ajouter au dernier membre de l'article 8, qui regarde les domestiques, les mots suivants : « Cet objet ne faisant pas partie des attributions de l'économe, la supérieure des sœurs se conformera, sur ce point, aux intentions de l'Administration à qui il appartient de statuer quels seront ses rapports avec les domestiques, pour la régularité du service et le bon ordre de la maison. »

3° Enfin, la Communauté désire aussi que, dans le cas où les sœurs doivent quitter un établissement, le temps toujours pénible qui s'écoule entre la détermination prise et son exécution, soit abrégé autant que possible; tout en laissant à l'Administration le loisir de se pourvoir d'autres sœurs hospitalières et d'assurer le service de l'établissement. Pour concilier ces exigences, vous avez proposé de rédiger de la manière suivante l'article 14 :

« Dans le cas de la retraite volontaire de la Communauté ou de son remplacement par une autre Congrégation, déterminé par la Commission administrative, la Supérieure générale et la Commission administrative de l'hospice devront se prévenir réciproquement d'avance et s'entendre sur l'époque de la sortie des Sœurs de l'établissement, qui aura lieu six mois *au plus*, après la notification faite par celle des parties qui voudra résilier le traité. »

Je ne vois pas d'inconvénient, Monsieur, à approuver ces modifications de détail qui ne changent rien au fond du modèle de traité. Je crois, toutefois, convenable de séparer ce qui concerne les domestiques de l'article 8, avec lequel cette disposition n'a aucune connexité, et d'en faire un article sous le numéro 9.

Quant à l'article 14 qui prendra le numéro 15, je crois me conformer aux vœux de la Communauté, en limitant à quatre mois, au lieu de six, le maximum de temps qui doit s'écouler entre la notification de la retraite ou du remplacement des Sœurs et l'exécution de cette mesure. Ce temps me paraît devoir suffire pour assurer le service hospitalier, et l'on évitera ainsi de prolonger une situation désagréable et qui peut donner lieu à des froissements nuisibles au bien du service.

Je dois vous faire observer, Monsieur, que le modèle de traité relatif aux Bureaux de bienfaisance, contient (art. 3 et 15) des dispositions analogues aux mêmes articles du modèle des hospices; et qui sont, par conséquent, susceptibles des mêmes modifications. C'est donc par erreur, que vous dites, dans votre lettre, que les changements ci-dessus indiqués ne s'appliquaient qu'au projet de traité qui concerne les Hospices ; et je crois remplir vos propres intentions, en modifiant de même les articles 3 et 15 de l'autre modèle.

J'espère comme vous, Monsieur, qu'au moyen de ces dispositions arrêtées d'un commun accord, la bonne harmonie régnera désormais entre les Sœurs de la Charité et les membres et agents des Administrations de bienfaisance.

Je vais adresser à MM. les Préfets des copies des modèles approuvés, afin qu'ils servent de bases aux traités à passer avec la Communauté des Filles de Saint-Vincent-de-Paul.

Agréez, Monsieur, l'assurance de ma considération distinguée.

Le Ministre de l'Intérieur,

DUCHATEL.

N° VI.

LETTRE DE CONGÉ ADRESSÉE AUX SOEURS

SECRÉTARIAT GÉNÉRAL

PERSONNEL
ET SERVICE DE SANTÉ

ADMINISTRATION GÉNÉRALE DE L'ASSISTANCE PUBLIQUE
A PARIS

Paris, le 17 mai 1883.

MADAME LA SUPÉRIEURE GÉNÉRALE,

Le traité passé entre l'Administration des hospices et la Congrégation des Sœurs de l'Ordre de Saint-Vincent de Paul et suivant lequel les religieuses de cet Ordre ont été chargées de desservir l'*Hospice des Incurables*, contient à l'article 12 une disposition qui impose l'obligation aux deux parties contractantes, dans le cas de la retraite volontaire ou forcée de la Communauté, de s'entendre sur l'époque de la sortie des Sœurs de cet établissement.

Ce départ ne peut être obligatoire qu'un mois après la notification faite par celle des parties qui voudra résilier le traité.

D'accord avec M. le Préfet de la Seine, je viens de décider qu'il y avait lieu, pour l'Administration de l'Assistance publique, de se prévaloir de cette disposition pour vous dénoncer le traité en vertu duquel les Sœurs de votre congrégation desservent l'*Hospice des Incurables*.

J'ai l'honneur de vous notifier cette décision, en vous priant de vouloir bien prendre les dispositions nécessaires pour qu'elle reçoive son exécution le 1er juillet prochain.

Je vous prie également de m'accuser réception de la présente lettre.

Veuillez agréer, Madame la Supérieure Générale, l'assurance de ma haute considération et de mon respect.

Le Directeur de l'Administration générale de l'Assistance Publique,
Signé : CHARLES QUENTIN.

Madame la Supérieure générale de la Compagnie des Filles de la Charité,
140, rue du Bac.

Paris. — Typ. PILLET et DUMOULIN, 5, rue des Grands-Augustins.

www.ingramcontent.com/pod-product-compliance
Ingram Content Group UK Ltd.
Pitfield, Milton Keynes, MK11 3LW, UK
UKHW021207230726
13926UKWH00001B/355